à la montagne

Texte de Laurence Maquet

Merci aux illustrateurs de Gallimard Jeunesse et des Guides Gallimard :

L. Bour, Ch. Broutin, J. Candiard, J.-Ph. Chabot, J. Chevallier, G. Curiace, B. Dagan,
F. Desbordes, B. Duhem, L. Favreau, Cl. Felloni, E. Fleury, C. Lachaux, M. Lagarde,
A. Larousse, Ph. Marle, F. Place, M. Pommier, P. Robin, G. Szyttia, P.-M. Valat, Ph. Vanardois, J. Wilkinson, J. Woodcock.

Crédits photographiques

© Bios : D. Bringard, G. Lopez, B. Marcon, B. Pambour, R. Valarcher : p. 3 (1,2,3), 5 (1,2,3),
9 (1), 22 (1). © J.-P. Brighelli : p. 9 (2). © G. Cheylan : p. 25 (5). © Dorling Kindersley :
K. Shone, K. Percival, C. Keals, D. King, A. Einsiedel. P. Chadwick, K. Taylor, Ph. Dowel,
M. Dunning : p. 7 (1), 14 (1,2,3,4), 15 (1), 21 (1,2,3,4), 23 (1). © Gallimard : p. 16 (1), 25 (1,2,3).
© L. Maquet : p. 11 (1). © Meteorological Office : p. 6 (1). E. de Pazzis : p. 25 (4).

Offert par les stations ELF et ANTAR

GALLIMARD JEUNESSE

Dans la montagne que tu vas explorer, tu découvriras des rochers, des prairies, des lacs, des torrents, des forêts, des villages. Les gens y vivent toute l'année, souvent depuis des générations. Promène-toi dans cette «montagne à vaches» qui n'est pas celle des escaladeurs de sommets. Ta montagne à toi n'est ni un roc à exercices périlleux, ni une pente de glace, ni le terrain de l'effort et du danger mais un peu de tout cela et beaucoup de choses en plus.

Des chaussures
pour bien marcher

Le VTT est le vélo idéal pour les promenades en montagne. Respecte les sentiers prévus à cet effet.

Quelques bons conseils

Assure-toi que tu n'as rien oublié dans ton sac à dos : des vêtements chauds et des vêtements de pluie, un chapeau, des lunettes de soleil à verres filtrants, une gourde et quelques provisions, une petite pharmacie, une lampe avec des piles neuves, une petite paire de jumelles (grossissement 8 x 30 ou 10 x 40) une boussole.

La pharmacie
• Du sparadrap pour prévenir les ampoules,
• De la crème haute protection pour éviter les coups de soleil
• Un collyre pour protéger les yeux de la poussière et du soleil

Sommaire

En chemin

Une promenade en montagne est un vrai plaisir pourvu que l'on sache choisir un itinéraire adapté à ses forces. Renseigne-toi dans les offices du tourisme, les maisons des parcs

Lire les sentiers

Les sentiers de montagne sont balisés par des marques de peinture, souvent sur des cailloux : cherche-les attentivement, elles sont parfois un peu cachées par la végétation. Surtout, ne coupe pas au plus court : ta randonnée en montagne ne doit jamais prendre l'allure d'une course d'orientation.

Boire souvent, pauses gourmandes

Avec la chaleur et la marche, on se déshydrate vite. Bois souvent, sans attendre d'être assoiffé : 10 à 20 cl toutes les 15 minutes environ. Profite des pauses pour grignoter un fruit, du chocolat, du pain ou une barre de céréales.

A chacun son rythme

En montagne, marche régulièrement et fais des pauses pour ménager ton souffle. Evite les pierres instables : une foulure est vite arrivée ! Les descentes sont le moment privilégié des courbatures : pour épargner tes genoux, ton dos… adopte un pas souple, ne te laisse pas tomber d'un pied sur l'autre et ne cours pas.

Les règles du bon montagnard

• L'entretien des sentiers coûte cher. Ne prends pas les raccourcis qui, en se creusant, canalisent les eaux de pluie.
• Respecte les animaux en ne faisant pas de bruit.
• N'abandonne pas tes ordures sur place.
• Ne fais pas rouler les pierres sur ceux qui te suivent.
• Apprends à reconnaître les fleurs protégées.

naturels régionaux ou nationaux ou auprès des habitants du village, sur les sentiers à découvrir, la durée de marche et le dénivelé. Ne t'aventure jamais seul et fais-toi accompagner si possible d'une personne qui connaît bien la montagne. Signale avant de partir le but de ta promenade et l'heure probable de ton retour : cette information permettra, en cas d'absence prolongée, de déclencher les secours. Enfin, renseigne-toi sur le temps : l'été, les orages sont fréquents.

Le temps en montagne

Si tu as l'impression que la journée va se gâter, n'hésite pas à écourter ta promenade. Calcule toujours le temps de marche pour le retour de façon à rentrer avant la tombée de la nuit. Avant de partir, renseigne-toi sur les prévisions météorologiques locales.

Arbre déformé par le vent, prenant une forme en drapeau.

Les effets de l'altitude

En montagne, le temps évolue très rapidement et les phénomènes météorologiques sont plus violents qu'en plaine. Les bulletins météorologiques diffusés par Météo-France (36 68 04 04) donnent une idée du temps mais l'observation sur le terrain est aussi très importante et demande une bonne expérience.

Les bises montagnardes

Vers 9 heures se lève la bise aval qui monte de la vallée : elle se calme en fin d'après-midi et tempère la chaleur. Le soir, au contraire, la bise amont descend des sommets et apporte subitement la fraîcheur.

Soulèvements d'air

L'air chaud monte le long du versant exposé au vent ; il se refroidit, l'humidité se condense en nuage, il déverse des pluies puis redescend sur le versant abrité, apportant la sécheresse.

Baromètre à mercure : il indique la pression de l'air, plus basse au sommet d'une montagne qu'en plaine.

A l'approche du mauvais temps, la carline referme ses bractées argentées. Si tu te laisses surprendre par un orage, éloigne-toi des crêtes et des arbres isolés. Au pire, allonge-toi sur le sol.

Carline acaule

Ne reste pas sous la tente en cas d'orage.

L'orage : parfois, le ciel est clair avec juste quelques cumulus de beau temps. Mais la chaleur s'accumule d'un jour à l'autre et les nuages grossissent jusqu'à ce qu'un cumulo-nimbus recouvre le massif. Il décoche ses éclairs sur les sommets. La pluie tombe en averses. Le tonnerre roule de versant en versant.

Signaux d'alarme en montagne :
1. Nous demandons de l'aide.
2. Nous n'avons besoin de rien.

Lire le relief

1. Noyau composé de roches en fusion
2. Magma
3. Fine croûte terrestre

Les montagnes sont nées de plissements de terrain.

La montagne, c'est avant tout des paysages magnifiques à cause des formes du relief, des contrastes entre les rochers et la végétation. Apprends à reconnaître leurs formes, sculptées au fil des millénaires par les glaciers qui recouvraient jadis ces régions, cherche les traces de cette érosion qui se

La Terre est entourée d'une fine croûte composée de plaques qui dérivent sur une masse pâteuse : le **magma**. Les plaques s'écartent, coulissent les unes sur les autres, faisant évoluer le relief de la Terre. Les montagnes sont nées de heurts successifs entre ces plaques. Elles ont jailli lentement, à la vitesse de 0,20 à 1 m par millénaire.

L'âge des montagnes
Les **Alpes** et les **Pyrénées** sont des montagnes jeunes, bien qu'elles aient émergé il y a quelque 37 millions d'années. Leurs sommets sont pointus, élevés, leurs vallées encaissées.
Les **Vosges** ou le **Massif central**, avec leurs sommets bas et arrondis, leurs versants aux pentes douces, sont vieilles (400 à 200 millions d'années) : le temps les a usées.

Il y a 1 million d'années, les glaciers qui recouvraient les Alpes, les Vosges, les Pyrénées, le Massif central ont laissé leur empreinte en façonnant le paysage : la glace a poli et transporté les roches, creusé des vallées, raboté les cols, modelé les versants comme des escaliers aux marches gigantesques.

poursuit toujours avec le travail de la pluie, du vent, du gel, des ruisseaux.

Tu peux constater, partout autour de toi, que la montagne ne cesse d'évoluer : des pans entiers de montagne se détachent des versants en coulées de boues, avalanches de rochers ou glissements de terrain.

Le gel modèle sans cesse la montagne : il fait éclater les roches les plus dures et les sculpte en arêtes déchiquetées, en pics et en aiguilles. Sur ton carnet de croquis, amuse-toi à tracer les dents de scie des sommets qui se profilent dans le ciel.

Les cheminées des fées
La pluie dégage les matériaux les plus fins. Lorsqu'une pierre émerge, elle forme un parapluie et protège la roche en dessous qui devient une colonne au fur et à mesure que l'érosion approfondit le sillon. Parfois, la pierre tombe et la cheminée diminue à chaque pluie.

Les visages de la montagne

Vastes espaces, air pur, calme, toutes ces hautes terres nous donnent une impression de nature libre et sauvage. Chaque montagne est comme une île émergeant de la plaine ; elle offre à celui qui regarde de près une infinie variété de paysages ; en 3 ou 4 heures de marche, on peut, de la forêt, gagner les neiges éternelles. Les plus modestes, démunies de parois et de glaciers, sont les plus anciennes. Celles qui dressent leurs sommets toujours

Le Massif central possède des sources thermales, des pâturages, des volcans assoupis, de profonds cratères transformés en lacs. Même le puy de Sancy (1 885 m) point culminant du massif, raviné par l'érosion, se laisse aborder par les randonneurs.

Le **neck** de Saint-Michel-d'Aiguilhe : le vent, la pluie, le gel ont dégagé le cône de cet ancien volcan qui se dresse, formant un piton, appelé un neck.

Il y a 8 millions d'années, le puy de Dôme crachait le feu.

Le **moucheron des glaciers** vit de débris végétaux apportés par le vent.

enneigés, sont les plus jeunes. Massif central, Vosges, Jura, Alpes, Pyrénées, toutes diffèrent de cent façons et chacune a sa personnalité.

En descendant, le glacier se brise en profondes crevasses découpées par des séracs (blocs de glace) instables.

Le satyre des glaciers
Il peut se reproduire jusqu'à 3 000 m mais sa chenille a besoin de trois ans pour achever sa croissance.

Ne va jamais sur un glacier sans un guide.

Au-dessus de 3 000 m le manque de sol et le froid éliminent de nombreuses espèces végétales. Sur les plus hauts rochers, les lichens, simples taches colorées, battent tous les records.

La chasse aux cailloux

Au cours de tes promenades, tu ramasseras sans doute un caillou qui t'aura intrigué par sa forme, sa couleur. Peut-être auras-tu alors envie d'en savoir plus sur les roches et les minéraux.
Le grès, le granit, le calcaire sont des roches ; le mica, la silice, le graphite, le quartz sont des minéraux. Un minéral se présente sous la forme de cristaux ; une roche est rarement constituée d'un seul minéral.

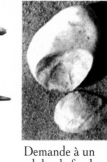

Demande à un adulte de fendre les galets à l'aide d'un marteau pour en laisser voir l'intérieur.

Ammonite fossilisée

Le **gneiss** est une
roche métamorphique.

Ses **cristaux** se
déposent en lignes.

Le **calcaire** est une
roche sédimentaire.

Le granit est un ensemble
composé de quartz, de feldspath
et de mica. Pour récolter des
échantillons, prospecte plutôt
les endroits où la roche affleure.

Le **grès** est une roche
sédimentaire qui
provient de la
décomposition et
de la transformation
de roches anciennes.
Il est composé de
sables accumulés. Il
est généralement de
couleur claire, virant
au jaune ou au gris.

Le **schiste** est une
roche métamorphique.

Dégager un fossile

Dans le lit de
graviers des cours
d'eau, tu trouveras
peut-être un fossile
enchâssé dans un
morceau de roche.
Tu peux le dégager
d'une partie de sa
gangue à l'aide d'un
marteau et d'un
poinçon. Frappe
doucement pour ne
pas abîmer le fossile.

L'**ardoise** se clive
en lamelles.

Laisse une partie
de la gangue comme
support. Pour
le fossile déjà bien
dégagé, seul
le poinçon suffit.

Vernis
ton fossile pour lui
donner plus d'éclat.

Le **basalte** est une
roche volcanique.

La **pierre ponce** est
de la lave solidifiée.

Le **marbre** est formé
de cristaux grossiers
que l'on polit pour
en faire des statues,
des colonnes.

Les étages de la montagne

Sur les adrets, versants ensoleillés, la végétation est plus adaptée à la sécheresse que sur les versants opposés, les ubacs, plus humides et ombrageux.

La traversée de chacun de ces étages correspond à peu près à une dénivellation de 400 à 800 m.

L'étage nival

La température baisse avec l'altitude. A 2 000 mètres, les plantes ne disposent que de quatre mois pour pousser, fleurir, se reproduire.
C'est pourquoi la végétation s'étage sur les pentes d'une montagne ; plus on monte et plus on rencontre des espèces capables de s'adapter au froid, au vent et à la sécheresse de l'air, plus forte en altitude.

L'étage des éboulis et des moraines (glaciers)

L'étage des alpages

L'étage montagnard est peuplé de forêts aérées par des prairies : les nuages et le brouillard s'y accrochent souvent alors que le soleil brille plus haut.

 1

 2 3

 4

5

 6

Les **conifères** sont les rois de l'étage alpin.
Epicéa (1) : aiguilles courtes, piquantes, cônes pendants.
Mélèze (2) : aiguilles

réunies en rosettes, cônes petits, dressés.
Pin cembro (3) : aiguilles fines groupées par cinq, cônes dressés.

Pin sylvestre (4) : aiguilles par deux, courtes et minces, cônes petits.
Pin à crochets (5) : aiguilles épaisses

et non vrillées.
Sapin blanc (6) : aiguilles courtes, non piquantes, avec deux bandes argentées dessous. Cônes dressés.

7

8

9

10

A l'étage des collines, les feuillus se mêlent aux mélèzes.

Sorbier des oiseleurs

Le **chêne** (7) ne dépasse pas les 1 000 m d'altitude.
Le **hêtre** (8) vit jusqu'à 1 500 m. Il a besoin de 5 mois à plus de 10 °C pour emmagasiner

les réserves nécessaires à l'éclosion des bourgeons.
Le **frêne** (9) et le **charme** (10) sont aussi des arbres frileux. Les feuillus les plus résistants au froid et au gel sont le

bouleau, qu'on reconnaît à son écorce blanche, l'aulne vert, qui pousse près des ruisseaux, et le saule nain, qui colonise les pentes jusqu'à de hautes altitudes.

 15

Dans les alpages

Rameau de rhododendron
Cette plante arbustive colonise les alpages et les éboulis, formant de beaux massifs fleuris.

Admire, mais ne cueille pas, le **lis martagon** : tu supprimerais les feuilles, usines à chlorophylle, qui doivent fabriquer de

La **gentiane bleue**

Les alpages sont des zones qui furent jadis déboisées par les hommes. On y menait les troupeaux, l'été. Aujourd'hui, ces herbages sont de plus en plus délaissés et la nature reprend ses droits : de jeunes arbres ou des massifs de rhododendrons s'y installent à nouveau. L'été, les alpages sont de véritables tapis

bonnes réserves, et le bulbe ne pourrait pas se reconstituer pour l'an prochain. Ce serait vraiment un mauvais souvenir de ton passage !

L'arnica des montagnes
Le bétail évite cette fleur toxique. Son odeur te rappellera peut-être la crème arnica utilisée pour soulager les foulures.

Quelques papillons de montagne : la **zygène** (1), le **machaon** (2) et l'**apollon** (3). Ils ne volent qu'au soleil. Si un nuage passe, ils se plaquent au sol et entrouvrent leurs ailes pour recueillir le maximum du rayonnement solaire.

2

Attention : la **vipère aspic** aime s'abriter entre les pierres, aux heures chaudes de la journée. Elle ne sortira pas de sa cache si tu marches bruyamment pour prévenir de ton passage.

Au-dessus de la limite des forêts, sur la pelouse alpine, les **sauterelles** et les beaux coléoptères profitent du bref été.

Les **bourdons** fécondent les fleurs qui ne peuvent confier au vent trop violent le transport du pollen.

Sauterelle

Myrtilles

3

Les **fourmis** sont partout présentes, dans les forêts et les clairières.

fleuris et mettre un nom sur chacune de ces corolles est impossible pour qui n'est pas botaniste. Avec un bon guide des fleurs, tu peux cependant identifier les plus répandues. Plutôt que de les cueillir, contente-toi de les admirer et dessine-les sur ton carnet de croquis. Allonge-toi parmi les herbes : tu découvriras des sauterelles, des criquets qui grouillent, sautillent, stridulent, et des bourdons, des papillons, des coléoptères, tout un monde en miniature à voir de près.

Le **lézard vivipare** trouve des insectes sous les pierres sèches. Ne tente pas de l'attraper par la queue : elle te resterait dans la main ; lui sera déjà loin et sa queue finira par repousser.

L'**hermine** se glisse dans les galeries des campagnols et tue aussi des lapins ou des lièvres.

Les mammifères

Les mammifères doivent être dotés d'une épaisse fourrure en hiver pour vivre en montagne. Herbivores pour la plupart, ils restent actifs toute l'année. Seule la marmotte hiberne dans son terrier d'hiver. En été, elle élit domicile dans les herbages rocailleux et vit en colonie. Elle aime les siestes ensoleillées mais reste toujours vigilante et alerte ses compagnes en sifflant dès qu'un danger approche. Toutes les marmottes se précipitent alors dans des trous de fuite, creusés tout exprès. Mais, à vrai dire, les marmottes adorent siffler à tout propos, pour le plaisir. Plus haut, chamois et bouquetins sont les rois de la montagne, les champions de l'acrobatie. Ils escaladent les parois là où un grimpeur ne s'aventurerait pas sans corde. L'été, ils vivent en hardes ; les femelles, leurs petits et les jeunes d'un côté,

Le **renard roux** établit sa tanière jusqu'à 3 000 m.

L'été, le **lièvre variable** abandonne sa fourrure blanche d'hiver pour une tenue de camouflage couleur de rocher.

Marmotte

L'hiver, l'hermine devient blanche, sauf le bout de sa queue qui reste noir toute l'année.

Renardeau

Chevreuil

Chamois

les mâles adultes de l'autre. Ils descendent tôt le matin ou à la tombée de la nuit pour brouter l'herbe riche des alpages. Ils remontent jusqu'à 3 000 m pour ruminer et faire la sieste sur les versants ombragés.

Bouquetin

Les cornes du **bouquetin** peuvent mesurer 1 m.

Mouflon de Corse

Chamois

Le bord tranchant du sabot se plante dans la neige dure ; l'ergot, placé en arrière, permet à l'animal de freiner dans les pentes fortes.

Les doigts du **chamois** sont reliés par un tendon qui fait office de raquette dans la neige. Le bouquetin peut écarter ses doigts pour mieux adhérer aux rochers.

A tire-d'aile

Chaque espèce d'oiseau choisit son habitat en fonction de l'altitude. Dans les sous-bois d'épicéas habitent le pic noir et le bec-croisé des sapins, la chouette chevêche, le pic épeiche ou le hibou. Beaucoup de petits passereaux vivent aussi en forêt et plus haut encore. Certains franchissent les cols et migrent en automne vers des régions plus chaudes, d'autres

Le **chocard à bec jaune** vit en bande dans les falaises escarpées et hante les décharges des villages.

Le **grand duc d'Europe** est le roi des rapaces nocturnes. Il repère une proie à 10 m : oiseau, reptile, grenouille...

Le **martinet à ventre blanc** peut exécuter des piqués à 200 km à l'heure.

comme le lagopède, le tétras ou l'aigle royal restent toute l'année en montagne.

La **chouette de Tengmalm** chasse souvent les petits rongeurs en plein jour.

Femelle

Mâle

Le **bec-croisé** des sapins décortique les cônes avec ses mandibules croisées et recourbées.

Le **bruant ortolan** est un oiseau méridional, mais au printemps il remonte vers le nord.

L'**accenteur alpin**, au bec mince, habitué des prairies, se faufile dans les herbes comme une souris.

Le **merle à plastron** attend que les pelouses soient libérées de la neige pour passer l'été en montagne.

Les oiseaux ne se laissent pas approcher. Observe-les avec de petites jumelles légères (grossissement 7 x 50)

Cherche dans un guide le nom des oiseaux aperçus.

L'**aigle royal** établit son aire dans les parois rocheuses et vit en couple.

Il règne sur un immense territoire et chasse les marmottes, les lièvres, les cabris ou même les vipères mais jamais un chamois adulte. Autrefois chassé, il est aujourd'hui protégé et a retrouvé des effectifs encourageants.

Le **vautour fauve** est devenu rare dans les Pyrénées.

Il dépèce des animaux accidentés ou morts.

Les torrents

Les torrents creusent des gorges.

Sources, ruisseaux, cascades, torrents dévalent la montagne. L'eau vive abrite quantité de petits animaux. Soulève une pierre, tu seras surpris de voir grouiller des larves d'insectes. Tu peux aussi te baigner dans les creux des torrents mais ne t'éloigne jamais de la rive car le courant est parfois fort et les eaux peuvent monter subitement après une grosse pluie. Les eaux de montagne sont glaciales, même en été : avis aux amateurs de frissons !

Vairon

Truite de rivière

Saumon de l'Atlantique

La **truite de rivière** vit dans les eaux montagnardes, recherchant les eaux claires, pures et froides pour y déposer ses œufs. Elle remonte les courants les plus impétueux et se rencontre jusqu'à 2 600 m : c'est le record d'altitude pour les poissons en France.

Dans les torrents vivent aussi des **anguilles**, des chabots, des **vairons**, des **saumons**, des ombres.

Anguille

De nombreuses fougères profitent des bords ombragés et humides de la rivière.

Algues et mousses s'accrochent sur les galets. Leur présence indique que l'eau est froide, très bien oxygénée : une bonne eau pour les truites.

Le **cingle plongeur** guette ses proies, perché sur un rocher. Il plonge comme une flèche ou marche dans le lit du ruisseau, à contre-courant, à la recherche de larves, de nymphes de libellules qu'il découvre en retournant les cailloux.

La **libellule** : sa larve vit dans l'eau et se métamorphose plusieurs fois avant de devenir adulte.

La **bergeronnette** des ruisseaux aime les rochers moussus.

On le rencontre jusqu'à 2 000 m d'altitude.

On peut rencontrer le **crapaud commun** jusqu'à 3 000 m d'altitude.

Capture des larves

Les larves de phrygane vivent dans un fourreau qu'elles fabriquent en agglutinant brindilles et grains de sable. Verse dans un bocal l'eau, la terre ou le sable prélevés dans le torrent. Fais sortir les larves de leur fourreau en poussant légèrement par l'arrière avec une tête d'épingle. En 3 heures, elles auront reconstruit leur abri. Ensuite replace-les là où tu les as trouvées.

Vaches, chèvres et moutons

Les premières pentes accueillent les villages. Au-dessus s'échelonnent des habitations isolées. Les plus hautes sont des chalets, des granges où l'on stocke le foin, des bergeries ou des étables occupées l'été lorsque les troupeaux viennent

Des chèvres guident parfois les troupeaux de moutons.

pâturer l'herbe des alpages. Aux vaches les plus belles pelouses, aux moutons les pâtures rocailleuses, aux chèvres les buissons de genévriers. Les bêtes se déplacent lentement de l'aval vers l'amont à mesure que l'herbe pousse en altitude, puis redescendent dans la vallée au début de l'automne. Les montagnards fauchent le foin, traient les vaches, fabriquent les fromages sur place.

Chaque propriétaire marque ses bêtes au fer rouge.

Jadis, c'étaient des troupeaux de quelques milliers de bêtes, guidés par des chiens ou des boucs, qui gagnaient les hauteurs depuis la plaine en passant par des sentiers à l'écart des champs cultivés. Aujourd'hui, les moutons montent en camion et les vaches sont de moins en moins nombreuses à gagner les alpages.

Les bêtes sont équipées de clochettes ou de sonnailles de tailles différentes.

L'escalade

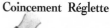

Baudrier

La corde garantit la sécurité dans les passages difficiles ; les pitons sont utilisés quand la roche n'offre pas assez de prise ; les mousquetons servent de trait d'union entre la corde et le piton.

Prise inversée   **Coincement**   **Réglette**

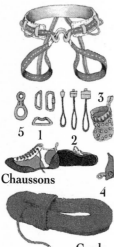

3

5   1   2

Chaussons

4

Corde de nylon tressé

Tu peux, avec un guide de montagne, t'initier à l'escalade. En attendant de devenir un agile grimpeur, admire et observe ceux qui gravissent les parois : ils ne font qu'un mouvement à la fois, avec un pied ou une main, et gardent

Mousquetons (1)
Coinceurs pour l'escalade (2)
Sac de craie (3)

Frein d'auto-assurage(4)
Descendeur (5)

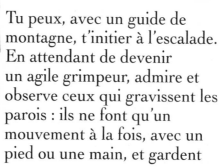

L'escalade est un sport qui demande beaucoup de technique, selon la nature de la roche, lisse ou granuleuse, selon le relief et la raideur de la pente. On ne grimpe pas toujours en ligne droite, mais parfois en diagonale. Pour trouver son itinéraire, le grimpeur cherche les prises : trous, aspérités.

Dans un surplomb, le grimpeur utilise un baudrier, sorte de ceinture à bretelles qui supporte le corps au bout de la corde, ou un étrier, petite échelle de corde qu'il gravit comme un escalier.

Chaussures de marche et casque pour se protéger des chutes de pierres.

Jadis, les cordes étaient en chanvre et gelaient rapidement.

toujours trois points d'appui sur la paroi, sous peine de chute ! Les bras servent à l'équilibre, les jambes fournissent l'effort de progression. Quand les prises sont petites, seul le bout des doigts peut s'y engager. Que d'efforts pour atteindre le sommet ! Si tu as peur d'avoir le vertige, découvre la montagne autrement : pars dormir dans un refuge. C'est beau, la haute montagne au petit matin ! Confie ta randonnée à un guide car lui seul connaît bien les itinéraires. Il sait lire le ciel, deviner les changements de temps, faire aimer la montagne.

Une vraie cabane

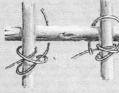

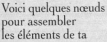

Voici quelques nœuds pour assembler les éléments de ta cabane : le **brêlage** sert à lier deux bâtons perpendiculaires. Encoche-les avant de les lier pour éviter qu'ils ne tournent.

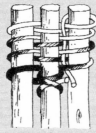

Fixe une branche entre les 2 troncs à 1,60 m du sol.

Le nœud de bigue : avec ce noeud, tu peux lier trois perches à leur sommet, soit pour faire une table à étages ou une cabane d'Indiens, soit pour prolonger deux perches.

Sur cette branche, appuie en oblique des perches que tu recouvres de petites branches et de feuillage.

Abri de trappeur
Assemble 4 rondins pour faire un cadre au sol que tu places entre 2 arbres.

28

Activités

Voici deux idées de table à étagères. Pour celle du bas, assemble trois perches avec un nœud de bigue, fixe les traverses puis les petits rondins alignés qui formeront le plateau.

Ton pique-nique sera à l'abri des fourmis !

Jeu

L'aigle Arthur et Charlotte la marmotte

Il te faut :

- 1 montre : le jeu dure 5 minutes.

- 2 dés

- 2 pions : 1 pour l'aigle,
1 autre pour la marmotte.

L'aigle Arthur doit attraper Charlotte la marmotte. Chacun se place sur sa case de départ. Arthur commence. Il vole de droite à gauche selon le nombre de points indiqué par les dés. Si, par exemple, il fait 11, il peut avancer de 5 colonnes et reculer de 6. Il n'a le droit de changer de direction qu'une seule fois au cours de son tour. Charlotte avance de gauche à droite selon le même principe. Lorsque l'aigle arrive sur la colonne où se trouve la marmotte, il l'a attrapée. Lorsqu'elle se trouve dans la colonne-terrier, Arthur repart bredouille... Quand l'aigle capture la marmotte, il relance les dés : si l'un des dés indique un 6, il doit lâcher prise, et le jeu continue. Sinon, il a gagné. Mais attention, la chasse ne dure que 5 minutes. Passé ce délai, c'est Charlotte qui a gagné !

ARRIVEE

1

DÉPART → 2   3   4

L'aigle Arthur et Charlotte la marmotte

DÉPART DE L'AIGLE

6   7   TERRIER   8   9   10   11   12 ARRIVÉE

Quiz

Pour chacune de ces questions, il n'y a qu'une seule bonne réponse. Trouve-la et regarde la solution en bas de page.

1 Comment appelle-t-on les griffes des rapaces ?

A. des ongles

B. des serres

C. des pinces

2 Un des conifères français perd ses aiguilles à l'automne.

A. le mélèze

B. l'épicéa

C. le pin sylvestre

3 Parmi ces trois montagnes, laquelle est la plus jeune ?

A. le Massif central

B. les Vosges

C. les Pyrénées

4 L'ammonite est :

A. une roche

B. un minéral

C. un fossile

5 Pour soulager les foulures ou les bosses on peut utiliser une crème faite à partir d'une fleur. Laquelle ?

A. le lis martagon

B. l'arnica

C. la gentiane

6 A l'approche du mauvais temps, un signe de la nature ne trompe pas. Lequel ?

A. les grenouilles regagnent le fond de la mare

B. les hirondelles rentrent dans les étables

C. certaines fleurs referment leurs pétales

Réponses

1B. 2A. 3C. 4C. 5B. 6C.

ISBN 2-07-058553-0. © Gallimard Jeunesse 1994.
loi n° 49-956 du 16 juillet 1949 sur les publications destinées à la jeunesse.
Dépôt légal: juin 94. Imprimé en CEE.